LE DROIT INTERNATIONAL PRIVÉ

DU MARIAGE

EN HONGRIE

PAR

ARPAD FERENCZY

PROFESSEUR

DE DROIT INTERNATIONAL A LA FACULTÉ DE SAROSPATAK

(Extrait de la *Revue de droit international privé
et de droit pénal international*, 1909, n° 1)

LIBRAIRIE

DE LA SOCIÉTÉ DU RECUEIL J.-B. SIREY & DU JOURNAL DU PALAIS

Ancienne Maison L. LAROSE & FORCEL

22, rue Soufflot, PARIS, 5e Arrondt.

L. LAROSE & L. TENIN, Directeurs

1909

LE DROIT INTERNATIONAL PRIVÉ

DU MARIAGE

EN HONGRIE

LE DROIT INTERNATIONAL PRIVÉ

DU MARIAGE

EN HONGRIE

PAR

ARPAD FERENCZY

PROFESSEUR

DE DROIT INTERNATIONAL A LA FACULTÉ DE SAROSPATAK

(Extrait de la *Revue de droit international privé
et de droit pénal international*, 1909, n° 1)

LIBRAIRIE

DE LA SOCIÉTÉ DU RECUEIL J.-B. SIREY & DU JOURNAL DU PALAIS

Ancienne Maison L. LAROSE & FORCEL

22, rue Soufflot, PARIS, 5e Arrondt.

L. LAROSE & L. TENIN, Directeurs

1909

LE DROIT INTERNATIONAL PRIVÉ
DU MARIAGE
EN HONGRIE

par ARPAD FERENCZY

Professeur
de droit international à la Faculté de Sárospatak.

Actuellement, la Hongrie ne possède encore qu'une seule catégorie de règles applicables aux conflits de lois en matière de mariage. Mais l'heure est proche où ce régime, jusqu'alors unique, va se dédoubler. La loi XXXI de 1894 (1), qui a institué en Hongrie le mariage civil, renferme un chapitre VII, qui, sous cette rubrique « Mariages contractés à l'étranger et mariages des étrangers », contient les principes du droit international privé hongrois, en matière de mariage. Mais, à ce chapitre VII, le régime arrêté par la troisième Conférence de La Haye va se substituer par rapport aux nationaux des États signataires de la convention du 12 juin 1902 (2), quand celle-ci, déjà acceptée par les deux chambres hongroises, mais qui attend encore la sanction royale (3), sera ratifiée et mise en vigueur.

A partir de ce moment, il y aura deux régimes internationaux : l'un, la loi, pour les nationaux des États qui reste-

---

(1) Sanctionnée le 9, promulguée le 18 déc. 1894, mise en vigueur le 1er oct. 1895. Une excellente traduction en a été donnée par M. Dareste, dans *Annuaire de législation étrangère*, t. XXIV, 1895, p. 355 et s. *Adde*, Lehr, *Journ. du dr. intern. privé*, XXII, 1895, p. 751 et s.

(2) *Convention pour régler les conflits de lois en matière de mariage.*

(3) Sanction retardée jusqu'au moment où les Chambres autrichiennes auront également accepté la convention : l'usage étant, pour l'Empereur et Roi, de sanctionner en même temps les conventions internationales, qui intéressent les deux pays, pour les faire entrer en vigueur au même moment.

ront en dehors de l'union internationale formée par les conventions de La Haye (États Américains; Grande-Bretagne; États balkaniques, à l'exception de la Roumanie; Danemark, Russie, etc.), l'autre, la convention de La Haye pour les nationaux des États signataires (France, Allemagne, Italie, Autriche, Suisse, Belgique, Pays-Bas, Roumanie, etc.), à l'égard desquels, si la loi s'applique, ce ne peut être qu'en vertu d'un renvoi fait par la convention elle-même aux règles de droit international privé des puissances contractantes, cas auquel la loi internationale hongroise devra être appliquée non seulement par les tribunaux hongrois, mais encore par les autres tribunaux des États signataires.

Sous cette réserve, à partir de la mise en vigueur de la convention de La Haye et vis-à-vis des signataires, deux régimes vont coexister.

Entre ces deux régimes, les différences sont-elles profondes? C'est ce qu'il est peut-être intéressant de rechercher.

I

Suivant l'article 1er de la première convention de la troisième Conférence de La Haye « le droit de contracter mariage est réglé *par la loi nationale de chacun des futurs époux*, à moins qu'une disposition de cette loi ne se réfère expressément à une autre loi ». Le texte va modifier considérablement, à l'égard des nationaux des États signataires, les principes de la loi hongroise, qui, dans ses articles 108 et 109 pose des règles toutes différentes et d'une originalité très accentuée [1].

D'après la loi hongroise (art. 108 et 109), trois cas sont à distinguer : 1° les deux époux sont étrangers; 2° le mari est étranger et la femme hongroise; 3° la femme est étrangère et le mari hongrois. Aux deux premiers cas s'applique ce qu'on peut

---

[1] Art. 108. « La validité des mariages conclus à l'étranger doit, au point de vue de l'âge et de la capacité générale, être exclusivement appréciée d'après la loi nationale *de chacun des époux*, mais à tous autres égards, d'après les lois nationales *des deux époux*, à moins qu'elles ne prescrivent l'application d'une autre loi ou que la présente loi ne dispose autrement ». — Art. 109. « Lorsqu'*un sujet hongrois épouse une étrangère*, soit en Hongrie, soit à l'étranger, la validité du mariage, à l'exception de l'âge et de la capacité générale de la femme, *doit être appréciée d'après la loi hongroise* ». — Art. 111. (2° alinéa) : « Les dispositions des articles 108 et 109 s'appliqueront aux mariages contractés en Hongrie par des étrangers ».

appeler la règle, au troisième ce qu'on peut appeler l'exception.

La règle est que la validité du mariage dépend de la loi nationale de chacun des époux, en ce qui concerne l'âge et la capacité générale, c'est-à-dire le consentement des parents, ascendants, ou tuteur, mais non en ce qui concerne la capacité particulière, c'est-à-dire les empêchements de la parenté, du mariage antérieur, de la prêtrise, des vœux monastiques, de l'adultère, etc. En ce qui concerne l'âge et la capacité générale, c'est la loi nationale de l'un des époux qui s'applique à lui, chacun demeurant sous la sienne, et la règle est la même que celle de La Haye; en ce qui concerne la capacité particulière, ce n'est pas la loi nationale de chacun qui, séparément, s'applique à chacun, mais les deux lois nationales qui, simultanément, s'appliquent à tous deux, chacun devant satisfaire, non seulement à la sienne, mais à celle de son conjoint (art. 108). D'où il suit que le mariage d'un religieux étranger avec une Russe doit être regardé comme nul en Hongrie, alors même que la loi nationale de cet étranger ne fait pas, des vœux, un empêchement au mariage, par cela seul que le droit canonique orthodoxe ne permet pas le mariage à quiconque a prononcé des vœux. De même doit être tenu pour nul en Hongrie le mariage d'une Russe et d'un étranger déjà trois fois marié ou d'un octogénaire, par cela seul que l'une des deux lois nationales, le droit russe (Svod, X, 1. 1, §§ 21 et 25) prohibe les quatrièmes noces et défend le mariage aux personnes âgées de quatre-vingts ans. D'où il suit encore que si une Autrichienne épouse un étranger, qui aurait prononcé des vœux solennels, ce mariage est nul pour la loi hongroise, bien que la loi autrichienne ne déclare pas expressément que la femme autrichienne ne peut pas épouser un homme engagé dans des vœux solennels, et par cela seul que la loi autrichienne renferme une disposition (art. 63, C. civ. autrichien) qui interdit le mariage de tout individu, quel qu'en soit le sexe, qui a prononcé des vœux religieux de chasteté.

Mais ici le droit hongrois va se trouver modifié : non sans doute dans l'exemple russe, mais dans l'exemple autrichien, puisque s'il est peu probable que la Russie, qui n'a pas signé la convention, le fasse, il est à penser qu'en même temps que la Hongrie, l'Autriche, qui l'a signée, va la ratifier. Tandis que deux étrangers, dont un Russe, ou un Russe et une Hongroise ne pourront, dans notre 1er exemple, contracter de mariage valable pour les tribunaux hongrois, deux étrangers, dont un Autrichien, ou un Autrichien et une Hongroise, dans notre 2e exemple, pourront, après la convention, contracter mariage dans un cas où présentement ils ne le peuvent : quand la convention sera ratifiée, ce dernier mariage sera possible et légal, car, nul au regard de la loi XXXI de 1894, il est valable au regard de la convention de 1902, puisque, dans notre exemple, l'Autrichienne, d'après le Code civil autrichien, et l'étranger, par hypothèse, sont capables chacun d'après sa loi nationale et que la convention ne demande à chacun d'eux la justification de sa capacité, même spéciale, que suivant une seule loi : la sienne.

Ici donc, en ce qui concerne le mariage d'un étranger avec une femme de quelque nationalité que ce soit, Hongroise ou étrangère, la loi est sévère, la convention plus douce. Vis-à-vis des ressortissants des cosignataires, la convention facilitera le mariage en adoucissant la loi.

Mais il se peut que le régime légal soit plus tolérant et que le régime conventionnel soit au contraire plus sévère. C'est l'hypothèse quand il s'agit du mariage d'un Hongrois avec une étrangère. Dans ce cas, nous sortons du principe pour entrer dans l'exception : la singularité du droit hongrois est que, si un Hongrois épouse une étrangère, la validité du mariage, exception faite de l'âge et de la capacité générale, est à déterminer, quant à la capacité particulière de chacun des époux, d'après une seule et même loi, la loi hongroise. Sous le rapport de la capacité matrimoniale (empêchements de la parenté, du mariage antérieur, de l'adultère, des vœux religieux, etc.) on traite la femme, fiancée d'un Hongrois, et qui, par son mariage, va devenir hongroise, comme si, avant le mariage, elle avait déjà pris la nationalité du mari (art. 109). Cette disposition semble arbitraire : elle n'admet pas la réciprocité puisque la femme hongroise qui épouse un étranger, même capable suivant la loi de son mari, doit l'être encore à cet égard, suivant la loi hongroise (art. 108). Et cependant nous pensons que, malgré son caractère unilatéral, cette règle, si exceptionnnelle et si originale qu'elle puisse paraître, peut se justifier en ce sens qu'elle permet d'adoucir les inconvénients du principe rigide de l'art. 108 et même, plus généralement, ceux d'une application trop stricte du statut personnel. Sans l'exception de l'article 109, par exemple, le mariage d'un Hongrois célébré avec une femme de couleur en quelque État méridional des États-Unis (Virginie, Texas, Louisiane) devrait être considéré comme nul par les tribunaux hongrois, étant donné que la loi personnelle de la femme lui défend à peine de nullité d'épouser une personne de couleur différente. Si un homme de couleur de la Louisiane épouse une Hongroise, en vertu de l'article 108, ce mariage est incontestablement nul en Hongrie, vu que la faveur de l'article 109 ne se rapporte qu'aux mariages des hommes, ressortissants hongrois, avec des femmes étrangères qui deviennent Hongroises par leur mariage. Mais il n'est pas nécessaire de chercher si loin une espèce si rare pour justifier la disposition exceptionnelle de l'article 109; il suffit de penser à l'État auquel la Hongrie est étroitement liée par des liens constitutionnels, à l'Autriche dont le droit connaît des empêchements au mariage qui sans doute paraîtront, en d'autres pays, presque aussi bizarres que ceux de la Louisiane. Ainsi le Code civil autrichien garde encore la prohibition de *cultus disparitas*, et par conséquent tient pour nul tout mariage entre chrétiens et non-chrétiens : c'est alors qu'intervient utilement la règle de l'article 109 de la loi hongroise; elle permet que, malgré la disposition générale de l'article 108, le mariage d'un chrétien hongrois avec une juive autrichienne ou celui d'un juif hongrois avec une chrétienne autrichienne, nuls en Autriche, soient quand même valables en Hongrie, ce qui ne pourrait être, si, plus respectueuse de la réciprocité internationale, la législation hongroise n'avait pas adouci pour le mariage de l'étrangère avec le Hongrois la règle trop sévère de l'article 108.

Après la ratification de la convention de La Haye par la Hongrie, cette disposition exceptionnelle de la loi hongroise, au cas de mariage d'un Hongrois avec une étrangère, va perdre son application quand la femme sera ressortissante d'un des États signataires de la convention de La Haye. Le principe adopté par la convention ne permettant pas que la loi nationale de l'un des époux prévale sur celle de l'autre, un tel mariage devra s'apprécier, à l'avenir, non seulement quant à l'âge et la capacité de la femme, mais quant à toutes les conditions requises pour la validité de ce mariage, d'après les dispositions de la loi nationale. Mais ce qui justifie assez visiblement la disposition, en apparence extraordinaire, de l'article 109 de la loi hongroise, et ce qui diminue du même coup la distance du régime conventionnel au régime légal, c'est que la convention de La Haye a jugé nécessaire de faire, elle aussi, une concession à l'intention, qui a motivé en

Hongrie l'article 109. L'article 3 de la convention de La Haye (1), qui rend possible la célébration d'un mariage à l'étranger en cas de prohibitions fondées exclusivement par la loi nationale sur des motifs d'ordre religieux, n'est qu'une restriction du principe de la nationalité posé par l'article 1er, restriction semblable à celle qu'apporte l'article 109 au principe posé par l'article 108 de la loi hongroise. La conséquence en est la même : c'est la validité partielle de quelques mariages, reconnus comme valables par certains pays et regardés comme nuls par d'autres, vu que, d'après l'article 3 de la convention, les États ont la liberté de reconnaître ou non la validité d'un mariage contracté dans un État qui en permet la célébration en dépit des prohibitions d'ordre religieux de la loi nationale. La disposition de l'article 3 de la convention de La Haye va, sous quelques rapports, encore plus loin que la loi hongroise, car, tandis que cette dernière s'oppose, par respect de la loi nationale, à la validité du mariage, même d'une Hongroise avec un étranger quand la loi nationale le prohibe pour des motifs d'ordre religieux (par ex. le mariage d'une chrétienne hongroise et d'un Autrichien juif), la convention de La Haye permet la reconnaissance de la validité de ce mariage. Le but que la loi hongroise voulait atteindre par la disposition exceptionnelle de son article 109 a donc paru digne d'intérêt à la Conférence de La. Haye. La disposition spéciale par laquelle elle en a tenu compte est en contradiction avec le principe de la nationalité, mais il était impossible d'éviter cette contradiction, si l'on voulait mettre la convention d'accord avec un autre grand principe du droit public actuel : celui de l'égalité des cultes, qui, faisant abolir par la plupart des États modernes la prohibition canonique de la *cultus disparitas*, leur commandait encore d'en faire cesser, autant que possible, les effets dans la vie internationale.

Même ici par conséquent, et quoique la différence soit sensible, la parenté demeure proche entre le droit légal et le droit conventionnel.

(1) Art. 3. « La loi du lieu de la célébration peut permettre le mariage des étrangers nonobstant les prohibitions de la loi indiquée par l'article 1er, *lorsque ces prohibitions sont exclusivement fondées sur des motifs d'ordre religieux.* — Les autres États ont le droit de ne pas reconnaître comme valable le mariage célébré dans ces circonstances ».

II

Le mariage des étrangers en Hongrie est, d'après la loi hongroise, soumis à quelques conditions de capacité supplémentaires tirées du droit interne hongrois. D'après l'article 111 de la loi, les articles 11, 12 et 13 de cette loi ne s'appliquent pas seulement aux Hongrois, mais aux étrangers qui se marient en Hongrie (1). Il ne suffit pas que leur mariage soit valable d'après leurs lois nationales; il faut encore qu'il respecte les dispositions de la loi hongroise qui précèdent et qui prohibent : 1° le mariage à certain degré de parenté et d'alliance, comme entre : *a*) ascendant et descendant; *b*), frère et sœur; *c*), oncle et nièce, tante et neveu; *d*), conjoint et ascendant ou descendant de l'autre conjoint — ceci, dans tous les cas, sans distinction, que la filiation soit ou non légitime, ou que les frères et sœurs aient en commun leurs deux parents ou l'un d'eux, et sans dispense possible, hormis pour la prohibition marquée en *c*); 2° le mariage des personnes dont le mariage antérieur n'est pas dissous, ni déclaré nul; 3° le mariage des personnes dont l'une avait, de concert avec l'autre, attenté à la vie de son conjoint.

La convention du 12 juin 1902 pose des règles semblables (art. 2) (2). D'après le droit de La Haye, la loi du lieu de la célébration peut interdire le mariage des étrangers, qui serait contraire à ses dispositions concernant le mariage : 1° des parents ou alliés; 2° des coupables de l'adultère, à raison duquel le mariage de l'un d'eux a été dissous; 3° des personnes condamnées pour avoir attenté de concert à la vie du conjoint de l'une d'elles.

Les règles d'ordre public international de la loi hongroise et du droit de La Haye sont proches : elles ne sont pas identiques. La ratification de la convention entraînera donc quelques modifications, envers les Etats contractants, au système hongrois ac-

(1) Art. 111 (1ᵉʳ alinéa). « Les articles 11, 12 et 13 de la présente loi s'appliqueront aussi aux étrangers, en cas de mariage contracté en Hongrie ».

(2) Art. 2 (1ᵉʳ alinéa). « La loi du lieu de la célébration peut interdire le mariage des étrangers qui serait contraire à ses dispositions concernant : 1° les degrés de parenté ou d'alliance *pour lesquels il y a une prohibition absolue* 2° *la prohibition absolue* de se marier, édictée contre les coupables de l'adultère à raison duquel le mariage de l'un d'eux a été dissous ; 3° la *prohibition absolue* de se marier, édictée contre des personnes condamnées pour avoir de concert attenté à la vie du conjoint de l'une d'elles ».

tuel. — Marquons tout d'abord un point qui ne changera pas. L'interdiction de se marier, édictée contre les coupables de l'adultère, à raison duquel le mariage de l'un d'eux a été dissous, n'est pas mentionnée dans l'article 111 de la loi XXXI de 1894, et, d'autre part, en elle-même, dans la loi hongroise, cette prohibition n'est pas absolue, de sorte que deux étrangers dont la loi personnelle ne connaît pas cette prohibition, pourront, après comme avant la mise en vigueur de la convention, contracter valablement mariage en Hongrie. Entre les deux régimes, légal et conventionnel, il n'y a sur ce point aucune divergence. Mais, par le 1° et le 3° de l'article 2 de la convention, des différences vont apparaître. 1) D'après la loi, les étrangers ne peuvent se marier entre oncle et nièce, tante ou neveu. Suivant la convention, ils le peuvent, puisque, d'après elle, la loi du lieu ne peut interdire le mariage pour raison de parenté ou d'alliance, qu'en cas de *prohibition absolue* (art. 2-1°) et que, d'après la loi hongroise, la prohibition, que peut écarter une dispense royale, n'est pas absolue. 2) D'après la loi, le simple attentat de concert à la vie du conjoint suffit pour créer un empêchement prohibitif au mariage des étrangers en Hongrie. D'après la convention, le simple attentat ne suffit pas ; il faut encore qu'une condamnation intervienne. Malgré la prescription de l'action publique, le mariage des étrangers en Hongrie n'est pas, d'après la loi, possible : il sera désormais, d'après la convention, permis entre ressortissants des États signataires, tandis que l'ancien système, plus rigoureux, gardera sa force vis-à-vis des ressortissants des autres États.

Non seulement la notion de l'ordre public international hongrois va se trouver transformée par la mise en vigueur de la convention, mais encore les conséquences de la violation de l'ordre public seront, dans le régime nouveau, différentes de ce qu'elles étaient dans le régime ancien. D'après la loi, le mariage contracté par des étrangers au mépris de l'ordre public international hongrois était nul. D'après la convention, il ne sera pas frappé de nullité, pourvu qu'il soit valable d'après leur statut personnel [1]. D'après la loi, deux Roumains coupables d'avoir

---

(1) Art. 2 (2ᵐᵉ alinéa) : « Le mariage célébré contrairement à une des prohibitions mentionnées ci-dessus ne sera frappé de nullité, pourvu qu'il soit valable d'après la loi indiquée par l'article 1ᵉʳ ».

attenté de concert à la vie du conjoint de l'un d'eux, ne peuvent être unis en Hongrie et, s'ils le sont, leur mariage est nul. D'après la convention, ils ne peuvent non plus être, une fois condamnés, mariés en Hongrie, mais, s'ils le sont, leur mariage ne peut être frappé de nullité, du moment qu'il est conforme à la loi nationale (ici la loi roumaine, qui ne connaît pas la prohibition). Dans le même cas, le mariage de Danois, Grecs ou Serbes en Hongrie pourrait être attaqué devant les tribunaux, bien que leur loi personnelle ne connaisse pas cette prohibition : il suffit que le droit hongrois la formule.

Enfin, la convention de La Haye mentionne qu'aucun État contractant ne s'oblige à faire célébrer un mariage qui, à raison d'un mariage antérieur ou d'un obstacle d'ordre religieux, serait contraire à ses lois (1). L'un de ces cas, celui de l'obstacle religieux, est sans intérêt en Hongrie, car la loi hongroise ne connaît pas l'empêchement de la *cultus disparitas*. Il en est différemment de l'autre cas : celui du mariage antérieur, car la loi, art. 111, qui s'applique au mariage des étrangers, prohibe toute nouvelle union sur le territoire avant la dissolution ou l'annulation de l'union précédente. Dans ce cas, la convention de La Haye maintient elle-même la loi hongroise. Supposons qu'un Hongrois devienne étranger, puis qu'il obtienne le divorce contre son conjoint resté hongrois, et ceci en dépit de la disposition du droit hongrois, qui refuse aux tribunaux étrangers de prononcer le divorce d'un sujet hongrois (2). Alors, malgré ce divorce, inexistant pour la loi hongroise, il ne peut, quoique étranger, se marier en Hongrie, à cause du scandale que produirait cette seconde union, tant que la première est toujours existante au point de vue hongrois, vis-à-vis du conjoint qui garde la nationalité hongroise. Dira-t-on que notre hypothèse est impossible, que la disposition qui réserve aux tribunaux hongrois le monopole du divorce de leurs nationaux est incom-

(1) Art. 2, *in fine* : « Sous la réserve de l'application du 1er alinéa de l'article 6 de la présente convention aucun État contractant ne s'oblige à faire célébrer un mariage qui, *à raison d'un mariage antérieur ou d'un obstacle d'ordre religieux*, serait contraire à ses lois. La violation d'un empêchement de cette nature ne pourrait pas entraîner la nullité du mariage dans les pays autres que celui où le mariage a été célébré ».

(2) Article 114. « Dans la cause matrimoniale d'un Hongrois, le jugement du tribunal hongrois a seul force de chose jugée. »

patible avec le droit conventionnel nouveau, dont précisément il est ici question? — Il est vrai qu'entre États signataires des conventions de La Haye les tribunaux de l'un sont en principe compétents pour prononcer le divorce des nationaux de l'autre, mais c'est seulement si la loi nationale ne se réserve pas exclusivement compétence, ce qui est le cas de la loi hongroise[1]. De plus il se peut qu'un État signe la convention du mariage et non celle du divorce. Il se peut enfin que notre Hongrois ait changé deux fois de nationalité, de manière qu'au moment du divorce il fût national d'un État non signataire dont les tribunaux prononceraient ainsi son divorce sans qu'il prît effet en Hongrie et de manière qu'au moment du second mariage il fût national d'un État signataire, auquel cas l'autorité hongroise pourrait, appuyée sur l'article 2 de la convention, lui refuser le mariage. Dans toutes ces hypothèses, on conçoit qu'un Hongrois, devenu étranger, obtienne le divorce contre un conjoint resté hongrois, et que, d'après l'article 2 de la convention, la Hongrie puisse lui interdire, sur territoire hongrois, le mariage. La question n'a pas en Hongrie, où le divorce existe, la même importance ni la même fréquence qu'en Autriche, où le divorce n'existe pas. Néanmoins elle peut se poser. Et, quand elle se pose, la solution actuellement donnée par la loi hongroise se trouve confirmée par la convention de La Haye.

III

En ce qui concerne les conditions extérieures du mariage, — les formes, — quelle différence y aura-t-il entre le régime légal et le régime conventionnel?

D'après la loi XXXI de 1894, art. 113 [2], la validité du mariage,

---

(1) Convention pour régler les conflits de lois et de juridiction en matière de divorce et de séparation de corps. Art. 5. « La demande en divorce peut être formée : 1° devant la juridiction compétente d'après la loi nationale des époux; 2° devant la juridiction compétente du lieu où les époux sont domiciliés. — *Toutefois, la juridiction nationale est réservée dans la mesure où cette juridiction est seule compétente pour la demande en divorce* ». — Art. 8. « Si les époux n'ont pas la même nationalité, *leur dernière législation commune devra, pour l'application des articles précédents, être considérée comme leur loi nationale* ».

(2) Art. 113. « La validité du mariage, en ce qui concerne les conditions de forme de sa célébration, sera appréciée d'après les lois en vigueur au temps et au lieu de la célébration. — Le mariage qu'un citoyen hongrois se propose de

au point de vue des formes, s'apprécie d'après les lois en vigueur à l'époque et dans le lieu de la célébration. La législation hongroise adopte donc, quant à la forme du mariage, le principe généralement reconnu par les États modernes, la règle *locus regit actum*. Tout mariage d'un ressortissant hongrois à l'étranger doit être publié en Hongrie. Or, bien que le droit hongrois ne connaisse que le mariage civil, un ressortissant hongrois peut se marier valablement à l'étranger par mariage religieux, si la loi locale permet ou prescrit ce mariage, ou même par simple consentement, sans aucune forme officielle, si le droit local le tolère, comme aux États-Unis ou en Écosse. Réciproquement, un mariage d'étrangers en Hongrie, quelle qu'en soit la forme d'après leur loi nationale, ne peut être valable qu'à la condition d'être fait en la forme hongroise, celle du mariage civil. L'article 5 de la convention de La Haye (1) pose les mêmes principes, tant pour les formes de la célébration que pour les publications de mariage, dont le défaut ne pourra pas entraîner la nullité du mariage ailleurs que dans le pays dont a été violée la loi : disposition d'autant plus facilement applicable ici que, à la différence de l'Autriche, la Hongrie ne prescrit pas les publications à peine de nullité.

Jusqu'ici la loi et la convention s'accordent. Mais allons plus loin.

Il importe de faire ressortir que la publication des bans d'un Hongrois qui se marie à l'étranger doit se faire de deux manières : à l'étranger, d'après les dispositions de la loi du lieu de célébration; en Hongrie, d'après les dispositions de la loi hongroise considérée comme loi nationale. La loi hongroise ne fait pas, du défaut de publications, une cause de nullité du mariage. Mais, si la loi du lieu de célébration fait du défaut de publications une cause de nullité du mariage, la règle *locus regit actum*, à laquelle se réfère le droit hongrois (art. 113), veut que les tribunaux

contracter à l'étranger doit être aussi publié en Hongrie. — Si un étranger se propose de contracter mariage en Hongrie, les règles de la loi hongroise devront s'appliquer à la publication. L'étranger devra également justifier que son mariage ne rencontre aucun empêchement de la part de sa loi nationale. Le ministre de la Justice peut dispenser de cette justification ».

(1) Art. 5. « Sera reconnu partout comme valable, quant à la forme, le mariage célébré suivant la loi du pays où il a eu lieu. — Les dispositions de la loi nationale en matière de publications devront être respectées; mais le défaut de ces publications ne pourra pas entraîner la nullité du mariage dans les autres pays que celui dont la loi aurait été violée ».

hongrois tiennent le mariage pour nul. Soit un Hongrois qui se marie en Autriche, sans publications préalables en Autriche — le mariage est nul pour l'Autriche, et par suite pour la Hongrie : telle est la solution de la loi hongroise. Que si, au contraire, on célèbre en Hongrie le mariage d'étrangers relevant d'États signataires de la convention, sans publications préalables dans leur pays, alors que leur loi nationale prescrit ces publications à peine de nullité, le mariage ne saurait être regardé en Hongrie comme nul, vu que ni la loi ni la convention ne permettent une telle interprétation. La loi hongroise n'exige la publication des bans au pays d'origine que pour ses ressortissants : au mariage des étrangers, elle ne fait qu'appliquer la pure règle *locus regit actum*. La convention déclare (art. 5, *in fine*) que « les dispositions de la loi nationale en matière de publications devront être respectées », mais elle ajoute que « le défaut des publications prescrites par la loi nationale ne peut entraîner la nullité du mariage, que dans le pays dont la loi a été violée », donc ici, dans le pays d'origine, et non pas en Hongrie.

De plus, nous sommes d'avis qu'entre le régime légal et le régime conventionnel, une nouvelle différence va surgir. Au cas de mariage en Hongrie « les dispositions de la loi nationale, en matière de publications, devront être respectées » (art. 5). Si elles ne le sont pas, le mariage n'est pas nul ; mais, malgré son caractère de *lex imperfecta*, nous croyons que l'article 5 de la convention entraîne, dans tous les États qui n'exigent des étrangers d'autres publications que celles de la loi locale, une innovation. Désormais tenus de *respecter les dispositions de la loi nationale, en matière de publications*, ces États devront enjoindre aux autorités chargées de célébrer le mariage, quand elles marieront des étrangers (et notamment des Français, art. 170, C. civ.), dont la loi personnelle exige des publications dans leur pays, d'examiner si les publications prescrites ont été faites ; examen qui ne rentrait pas encore et qui, désormais, rentrera dans les devoirs des fonctionnaires de l'état civil en Hongrie. Nous ne pouvons partager l'opinion de ceux qui affirment que l'article 5 de la Convention n'impose aucune obligation aux États contractants et ne met un devoir qu'à la charge des intéressés, non des autorités [1]. Ce n'est pas notre avis : une convention internatio-

______

(1) Cette opinion est exprimée par les documents préparatoires de la Confé-

nale, en prescrivant une obligation quelconque, l'impose en première ligne aux États contractants ; dans le présent cas, il n'était pas nécessaire de mettre à la charge des sujets de quelques États une obligation que, déjà, leur imposait leur loi nationale. Si la convention jugeait nécessaire d'édicter que la loi nationale en matière de publications dût être respectée, ce ne pouvait être qu'afin d'appeler au respect de la loi nationale les États ou, pour mieux dire, les autorités compétentes des États contractants. Nous pensons donc que les autorités compétentes, afin d'éviter, autant que possible, de célébrer des mariages nuls au pays d'origine, auront à l'avenir le droit — et le devoir — de ne pas marier des étrangers tant que les publications exigées par leur loi nationale n'auront pas été régulièrement faites; pour remplir l'obligation internationale contenue dans l'article 5, les Gouvernements seront tenus d'annoncer aux officiers de l'état civil quels sont les États dont les ressortissants ne peuvent être mariés qu'après avoir fait les publications *spéciales prescrites* par leur loi nationale.

IV

D'après la loi hongroise (art. 113) un étranger ne peut se marier en Hongrie qu'à la condition de justifier (ce qui se fait par un certificat émané de l'autorité étrangère) que, d'après sa loi nationale, aucun empêchement ne s'y oppose; mais quand l'étranger ne peut obtenir de certificat, le ministre de la Justice en peut octroyer dispense. De ces deux règles, l'une, qui pose le principe, l'autre, l'exception, la première est expressément reproduite par la convention de La Haye (1), en vertu de laquelle (art. 4) les étrangers doivent, pour se marier, établir qu'ils remplissent les conditions nécessaires d'après leur loi personnelle; mais l'autre, qui

rence de 1900 (*Actes*, p. 176) et maintenue par M. Tòry, délégué de Hongrie aux conférences de La Haye, dans ses savants commentaires sur les résolutions de la troisième Conférence (*A hágai harmadik nemzetközi magánjogi konferencia határozatairól*, 1901, p. 42). — V. Buzzati, *Trattato di diritto internaz. privato secondo le convenzioni dell' Aja*, I, p. 326.

(1) Art. 4. « Les étrangers doivent, pour se marier, établir qu'ils remplissent les conditions nécessaires d'apres la loi indiquée par l'article 1er. — Cette justification se fera, soit par un certificat des agents diplomatiques ou consulaires autorisés par l'État duquel ressortissent les contractants, soit par tout autre mode de preuve, pourvu que les conventions internationales ou les autorités du pays de la célébration reconnaissent la justification comme suffisante. »

pose l'exception, n'est pas maintenue, sans quoi l'obligation, que la convention impose aux États contractants, d'exiger un certificat, fût devenue vaine et discrétionnaire. C'est une notable différence entre le régime légal et le régime conventionnel de La Haye. Cependant, à l'examen, cette différence s'atténue, puis disparaît dans une différence précédente. Si l'on considère que l'article 3 de la convention laisse à la loi du lieu de célébration la faculté de permettre le mariage de l'étranger, nonobstant les prohibitions de la loi personnelle, quand celles-ci sont exclusivement fondées sur des motifs d'ordre religieux : alors l'État local n'est pas tenu d'exiger des étrangers le certificat que, pour de tels motifs, la loi personnelle refuse. C'était précisément un des cas où, jadis, intervenait la dispense ministérielle. Après comme avant la mise en vigueur du droit conventionnel de La Haye, elle restera toujours ici possible.

Mais il est un autre cas, où le ministre peut, d'après la loi, donner la dispense : c'est quand une étrangère épouse un Hongrois, cas où la loi hongroise, sauf pour l'âge et le consentement, ne tient compte, on l'a vu, que du droit interne hongrois. Quand ses règles sont contraires à la loi personnelle de la femme, les autorités nationales refusent le certificat — mais la loi hongroise le requiert : comment faire? C'est alors que l'autorisation ministérielle intervient : en dispensant du certificat que les autorités nationales refusent, elle rend le mariage possible. Grâce à cette dispense, et pour prendre notre exemple dans une affaire célèbre — l'affaire Odilon (1), — une femme autrichienne, divorcée pour la loi hon-

---

(1) Les époux Girardi, autrichiens, s'étaient séparés d'après la loi autrichienne qui ne permet pas le divorce; le mari, naturalisé plus tard hongrois, avait fait ensuite convertir la séparation de corps en divorce par le tribunal hongrois, en vertu de l'article 115 de la loi XXXI de 1894, suivant lequel les tribunaux hongrois peuvent prononcer le divorce, si la séparation de corps a été prononcée, avant l'acquisition de la nationalité hongroise, par un tribunal étranger pour des faits que la loi hongroise regarde comme des causes de divorce. Mme Girardi, née Odilon, demeurée autrichienne, était une divorcée, qui, le divorce n'étant pas reconnu par sa loi nationale, ne pouvait contracter en Hongrie, avec un étranger, un mariage valable, mais le pouvait contracter avec un Hongrois, en vertu de l'article 109 de la loi XXXI de 1894. Voulant alors se marier avec un Hongrois, mais ne pouvant obtenir un certificat des autorités autrichiennes, établissant qu'elle était habile à contracter un nouveau mariage, Mme Odilon obtint, du ministère hongrois, une dispense de l'obligation du certificat et fit célébrer son mariage par l'officier de l'état civil hongrois. Le fait du ministre a

groise, toujours mariée pour la loi autrichienne, qui n'admet pas
le divorce, peut, en Hongrie, actuellement, épouser un Hongrois.
Elle ne le pourra plus bientôt, car, en vertu de l'article 3 de
La Haye, c'est seulement quand la prohibition du mariage est
fondée sur un motif d'ordre exclusivement religieux que l'empêchement peut être levé par la loi locale, et comme l'interdiction
du divorce n'est pas fondée seulement sur une idée religieuse,
mais sur des considérations multiples, il en résulte que, dans ce
cas, entre États signataires de la convention, aucune dérogation
à la loi personnelle n'est plus à l'avenir possible.

Ainsi le cercle de la dispense ministérielle se rétrécit : où elle
intervenait jadis, elle n'interviendra plus désormais. Entre le régime conventionnel et le régime légal, la différence est certaine.
Mais elle n'est que la conséquence pure et simple d'une différence
précédente. Nous avons déjà vu qu'en vertu de l'article 1er de la
convention, et réserve faite des incapacités fondées sur un motif
exclusivement religieux, une étrangère ne pourra se marier en
Hongrie qu'en observant toutes les conditions de sa loi nationale :
il en résulte qu'en défendant aux autorités locales de procéder au
mariage sans un certificat national, dont aucune dispense n'est
permise, la convention ne fait ici que sanctionner la règle de l'article 1er. Ce n'est donc pas, entre le régime conventionnel et le
régime légal, une différence nouvelle, mais l'effet réflexe d'une
différence précédente. Entre le droit légal d'aujourd'hui et le
droit conventionnel de demain, la divergence est, au fond, ici,
nulle.

bien été critiqué, mais nous estimons qu'il était tout à fait légal et fondé sur la
loi hongroise. Incontestablement légal d'après la loi hongroise, le mariage, reconnu
valable par les tribunaux hongrois, fut déclaré nul par les tribunaux autrichiens.